JN417979

항아리 속 하늘

최승학 시집

月刊文學 출판부

| 序詩 |

하늘 빛
받아
즈믄
향기 품은
들꽃의
꿈
이슬에
젖어
흙이 부르는
노래
눈웃음
싣고
춤추는
바람

들꽃은
찬란한 자유다

차례

| 작품해설 |

항아리 속 하늘

풀다

햇빛 풀린다
햇빛 덕에 날 풀리면서
말라 누웠던 잎 곱게 화색 돌고
어느 새 초록으로 싱싱해져
나뭇가지 잎눈으로 들어가
아기 웃음 피운다
하늘이 풀어 낸 바람색 작은 잎에 쏠리어
가지마다 알몸 댕글댕글 살찌우고
가슴과 가슴 드나들던 초록 피
꽃가루 머금은 물방울 찾아 나선다
햇빛 맞아 보글보글 끓는다
풀어질 대로 풀어져 한결 맑아진 햇빛을
나무들이 에워싼다
한 움큼씩
한 아름씩 묶어
잎 자리 짜맞춘다
뜨거운 맺힘의 욕망
바람이 더 부드러운 바람 풀 때마다
노을이 자지러지게 몸 풀 때마다

알알이 굵어 가고
멎을 줄 모르는 햇빛 풀림 풍요로운 지상을
열매짓기 솜씨 현란한 흙이 풀어 간다

꽃밭 일기

삼태기만한 꽃밭에 물을 준다
비단결 같은 웃음 머금고
저마다 잎과 꽃망울 흔든다
은은한 모습으로 피는 순간들
소중히 간수했는지
마음 씀씀이 궁금해 쓰다듬는다
그간 찾아온 나비 몇이나 되며
잠자리 풍뎅이 인사는 살가웠는지
잠 잘 자라 덮어 준 구름 얼마인지
매만져 준 빗방울은 부드러웠는지
높고 낮은 흔들림
짙고 옅은 입맛
좁고 넓은 바라봄
가볍고 무거운 발자국 소리는
꽃잎 물들이는 데 자양분이었는지
윤기 흐르는 바람 노래는 어떠했는지
눈으로 물으니
밤새 별빛 젖은 얼굴이 상기된다
까르르 웃음 딸아 올리며 상큼상큼 뛰어다닌다

발길 따라

실바람이 골짜기 살피는 숲길
발길 따라 걷는다
알락하늘소 애벌레 꿈틀거림
덩굴별꽃 여린 떨림
방울새가 걸러 내어
방울방울 어디론가 옮긴다
자분자분 층층둥굴레
낭창낭창 청미래덩굴
속삭임 이끄는 대로 발길 맡기면
한라구절초들
지새워 다듬은 꽃 살갗 빛내며
내 입술에 모여들어 엿듣는다

씨앗주머니 속 비밀

꽃잎 떨어져
꽃 사라진 줄 알았는데
꽃잎 보이지 않는다 하여
꽃 없는 건 아니지
질 좋은 햇빛 쐬고
결 고운 씨방으로 숨었을 거야

어두운 눈밭 건너
가물가물 호롱불 남겨둔 채
매운 바람 벗어 버리려는 듯
하늘하늘 나비 뒤쫓아
꽃잎 숨긴 씨앗 보금자리 찾아
겨울이 낡아 가면

눈 녹은 물 올리고
강바람에 달빛 섞어 버물리는
씨앗주머니
꽃잎 접는 손놀림 바쁘고
연둣빛 만들며 뿌리내리는 속삭임

도란도란 새어 나오지

뿌리들 입김으로
이승을 참 예쁘게 꾸며
널뛰듯 사뿐히 띄우는
없으면서 있는 그 누구의
알 수 없는 비밀 이야기들
꽃잎 보이지 않아 꽃 없는 것 아니지

어머니라는 이름의 여자

여자는 장밋빛이다
여자는
청보리밭에서 꺼내 온 공기같이 피어
어머니로 지는 꽃
가장 작은 하늘 섬기면서
가늘게 이는 물무늬처럼 숨어서 웃음 지어 보이며
들꽃같이 엷어지는 여자
먹이고 입히고 재우며 가슴 덥히는 믿음 아름다이 꾸리는
그 은은한 꽃향기 어머니
가슴 깊이 새겨져 끝없이 절을 올리고 싶은 이름이다

바람 잘 드는 터 차분차분 다지어
한 방울의 물
한 줌의 공기
한 덩어리 흙으로
꿈을 반죽하는 여자
내 몫이라곤 한 쪽 가져 본 적 없는 꽃
고운 모습 새삼 그리워지는 이름 어머니

우주의 어느 별에서 섭리 마련하고 있을
어머니라는 이름의 여자
논귀 밭귀 돌보느라 까맣게 갈라진 뒤꿈치
부뚜막 매흙질에 구정물 얼룩진 행주치마
절구질 키질 맷돌질에 지문 지워진 굳은살 손마디
밤새 베틀 지키면서 더욱 꼿꼿하게 빛나던 눈빛이
눈엔 듯 가슴엔 듯
꿈인 듯 생시인 듯
소리 낮추며 저려 온다
날이 갈수록 두근두근 헤집는다

니 맘 다 안다
니 속 다 안다
천둥 번개 거센 파도 잠재우는 따사로움이
하염없이 쓰다듬어 내림하신
흰머리가 되어서야
이 땅이 번성하여 충만함이
저절로 차고 넘치는 것 아니며
한 삶이 한 삶으로 옮겨가는 핏속에 녹아

언제나처럼 흐르고 흐른다는 것을 알아차리는데
들릴 듯 말 듯한 귓속말
꿀을 주기 위해 벌을 찾아 피는 꽃처럼
어머니라는 이름이 뭉클뭉클 피어난다

포옹

꽃 같은 가슴에 밀물지는 나비 날개 소리
떡잎 둘로 나뉠 때 떨리던 아쉬움 스러진다
그리워 손짓하던 안타까움 눈을 감고
가슴과 가슴 사이 햇빛 스민다
눈 닿는다 눈 빛난다
숨소리 만난다 숨소리 흐른다
모세혈관 잇는 뜨거운 출렁임
기다림은 들뜨는 소용돌이 억누르며 녹는다
가벼이 날려 곧 떠날 씨알들 바람 속 돈다
지고지순한 평화의 순간 짐짓 가파르게 찡한

달빛을 쓸다가

빈틈없이 어우러진 잎
넘쳐흐르는 꽃
어두운 눈 가진 한 그루 나무
텅 비어 오히려 무딘 가슴
달빛은 천 길 낭떠러지
쏟아지는가 날아오르는가

가장 둥근 달
동쪽에서 서쪽 가지 사이
숨었다 솟았다
허공 자꾸만 더 높이
마음 밖에 홧홧한 등 내걸어
내걸어 팔월 보름은

삼신할미 바구니에
무명실 담는 것처럼
찰랑찰랑 은구슬 소리 내며
퍼붓는 달빛에
백옥 실꾸리 곁들여

남실 쌓여 차올라 남실

고개 못 드는 옥비녀에
속살 같은 달빛 감는
찰진 한 그루 나무 그늘
막불겅이 풀벌레 그림자
그림자 뒤에 그림자
활활 불타 확확 노래 뜨거워

벌판에 서서

샘과 샘이 이룬 물줄기
시냇물이 날라 온 돌의
매끈한 얼굴을 보세요
하얗게 실려 온 모래
깨끗한 살결을 보세요

바다와 산에서 일어난 바람
바람결이 길러 낸 들풀의
이들이들한 머리숱을 보세요
빗줄기 더한 나무들
열기 있는 손사래를 보세요

보세요 살랑살랑 머물다 가는
햇빛 타래의 풀림
보세요 풀뿌리마다 내리는
햇볕 아랫도리의 쏠림
누가 햇살을 물렁물렁하다 할까요

또랑또랑한 말씨

자르르한 몸가짐
흐트러짐 없는 걸음걸이 뒤에
무엇이 터 잡고 일어나는지
무엇을 끝끝내 뜨겁게 하는지 보세요

기다림

햇살이 나뭇가지 꽃눈에 앉아 솜털 벗기는 봄 내내

햇살이 나뭇잎 뒤에 끌질하여 손금 긋는 여름 내내

햇살이 얼어붙은 나무 손끝 호호 불고 있는 겨우내

구름 한 겹 입었다 벗었다 하는 불목하니 알불쬐기

돌배나무집

제멋대로 길 덮은 쇠비름 비집고
올봄도 민들레 봉오리 꽃씨 날리네

이끼 푸른 돌담길 징검징검 돌아
고요한 하늘 담은 두레우물 뒤편

까막까치 우짖지 않은 지 오랜
마을 후미진 언덕 돌배나무집

돌배나무꽃 화사하게 웃다 날아간
삭정이 된 울섶은 인동덩굴 덮쳤고

흙먼지 머금은 삼태기 비스듬히 걸려
지나가는 바람결에 무심히 흔들릴 뿐

닭 울음 개 짖음 그친 장독대
오목조목 항아리 두멍 몸빛 그대로인데

눈물 훔치며 고개 넘던 막내 그리는
돌배나무집 할매 기침소리 들리는 듯하네

봄은 잠시 다녀가고

느낌이 모자란 것인지
생각이 부족한 것인지
봄 다 기울어진 날에야
꽃씨봉투를 연다

겨우내
무슨 이야기 그리도 많았는지
까만 낱말들이 조르르 쏟아진다
씨뿌리기는 때를 맞추어야 한다는
옛 어른 떠올리며
무디어진 원시(遠視) 탓하듯이

봄은
잠시
다녀가고

여러 날 여러 날
햇빛이 들썩거리어
향기로운 난시(亂視) 괴롭힐

속삭임 마중할 함박웃음
빛접은 마음에 두기로 한다

꿈길에 피는 꽃구름

찬 기운이 뜰에 조금 남아 있었어
어린 소녀 곱게 웃는 잇몸 사이
사르르 간지럼같이 번지는 미소
한꺼번에 빚어낸 꽃구름바다였어

어슷비슷한 높낮이 멀리 가까이
희다 못해 푸른 별 머금은 청매
백날 빛에 바랜 비단 감은 백매
오로라 물든 지평 베어문 홍매

배시시 파문 이는 볼우물 그림자
흐느끼듯 안옷 살짝 드리운 살결
빛 흘림 겹겹이 부드러운 목덜미
봄잠 속에 아직 오물거리는 말문

복숭아 진달래 심지어 살구꽃
모두 범접하지 못하게 해 놓고
없는 듯 있는 향 맑은 기운 뿜어
둔탁한 코 찌르고 눈시울 붉혔어

족두리 받들어 떨림 가리는 소복들
순한 숨소리 꽃비 방울방울 숨기는
흰 몸 불러들인 은비늘의 몸부림들
돌다 날리다 부끄럽게 꿈길 밝혔어

각시붓꽃

새 소리 자근자근 들리면
찍은 듯 새긴 듯 고운 살결에
은장도처럼 감춘 그리움 가늘다

막무가내로 돌아서지 못한 채
물결나비 같은 숨소리 남기고
한 줄기 필생의 가닥 피워 올려

가는 연필그림 그린 듯이
감쪽같이 내 마음 스며든 사연
속삭임처럼 흘러나올 것만 같아

바람의 몸 속 깊이 어리는 저녁놀
온 가슴 적시고 넘쳐흐를 때까지
연두색 계절의 강둑을 걸어야 하리

자주꽃방망이

햇빛이 꺾이어 가장 나중 뭉친 빛
방망이 모양 주머니 매달고
머뭇거림 없이 하늘을 훔쳐 넣는다
눈 한 번 깜짝이지 않고 저지르는
저 손버릇
다만 꽃 속엔 이슬방울 밴 하늘뿐
죄 지은 자국 보이지 않는데
벌 서던 실바람이 가볍게 흔들어 준다

바람은 살아 있는가

밤마다 험악한 꿈에 쫓기며
그지없이 달음질하던 바람은
드높은 산꼭대기 혹은 깊은 골짜기
어디쯤에 살고 있을 거라 믿었지

옆에 늘 있어 아는 체를 않은
바다 큰 물굽이 일으켜 세우는 바람
순진한 욕망 끓어 울부짖는 물개들
가랑이의 소용돌이인가 짐작했지

흰머리수리에게 뜯기던 두개골
뜨거운 모래에 바스라지다 말고 일어서는 바람
아직 마르지 못한 핏줄 근처 반란의 깃발
펄럭거림일 거라 생각했지

속 썩은 나무 쓰러뜨리고
지는 잎에 얹혀 마르는 햇빛 흩어
흙 속 잠행에 갈라지고 부서진 바람
탈출의 발 구르기 꿈틀거리는 울림으로 들었지

곪음이 깊은 상처 뿌리 빨아 낼 바람
살아 있는 듯 살아 있는 듯
죽어 있는 듯 죽어 있는 듯
바람이 살아 있는 곳은 살아 있는가
바람이 죽어 있는 곳은 살아 있는가

매흙질하면서

아내와 나
모처럼 구름 엷은 날
바람벽에 맥질을 한다
뽀송뽀송 마른 진흙 알갱이처럼
오래 오래도록
같이 가고 싶은 마음
조각그림 붙이듯
시들지 않게 물들인다

목마르게 그리운 얼굴
기다리며
눈 감고도 보이는 짠한 가슴
보듬으며
욕설 거짓말 나쁜 소리 말라 사라진
흙벽을 바라보며

아내와 나
바람 부드러운 날
순수하게 몸 바꾸는

흙물의 자연스러움처럼
오래 오래도록
뽀송한 눈동자 들여다보고 싶은 생각
똑같이 기르며
마애불 모시듯 바람벽에 매흙질을 한다

가을이

그렇게 하늘은 옥빛처럼 깊더니
그렇게 은행잎 깁처럼 노랗더니
그렇게 귀뚜리 소리 달빛 덧두리더니
그렇게 지평선 심란하게 아득하더니

그렇게 발걸음 옮기기 힘들어 하더니
그렇게 손 흔듦을 남기지 않으려더니
그렇게 돌아볼 듯 돌아보지 못하더니
그렇게 어둑어둑 고샅길 돌아 넘더니

별 흩뿌리고
달빛 부서지는 날
그렇게 하르르
하르르 떨림 슬피 남기고 가 버리다니

결 고운 그 사람

씨뿌리기
호미 괭이질
논밭갈이 거둠
해 본 적 없는

그 사람은
언 땅 정수리에 발돋움하는 씨앗들 아름다워 쟁기질한다
뒤에서 밀고 앞에서 이끈 쇠똥구리 땀 믿기어 흙 고른다
껍질 깨고 푸른 날개 펼칠 반가움 맞으러 꽃밭에 묻힌다

그 사람은
모자람이 많아 굶주림에 익숙한 허기의 푸른 호흡 가꾼다
부끄럼 많아 가린 것 없이 헐벗은 떨림의 긴 혈관 살핀다
깃들지 못하는 망설임 따뜻이 덥혀 줄 아궁이 군불 지핀다

버림받아 외로운 이 품으려고
서러워 아파하는 이 다독이려고
마음 열어 골고루 웃음 나눠 주는
열면 열수록 아름다운 결이 살아나는 그 사람

종이꽃

너는 꺾이기 위한 기다림의 펄럭임
언제나 너다운 마음무늬 다짐은
목구멍에 씀바귀 즙액이 고이지
우아한 손짓은 거두어들여
그게 쌉싸름한 멍에임을 알아야 해
걸음걸이를 흐트러 봐
편안함이 그대로 밀려올 거야

저장된 온갖 잡동사니 생각에
인정받은 착함이 빈틈없이 채워져
우울의 침출수가 범람하고 말 거야
꾸며진 삶의 촉수들이
신성한 느낌 빨아 내고
참고만 있는 심장 박동을
진홍빛 그대로 말려 버릴지도 몰라

네 안에 가두어둔
금전출납부며 열쇠꾸러미
지난날 받들어 지키던 의자

얇은 입술에 의해 드높던 이름
보이지 않게 조여드는 고전적 불안
담장 주변 삼엄한 소음까지
쓰레기 매립지로 보내 버려

제 아무리 고운 빛을 자랑하고
세상에 둘도 없는 자태로 하늘거리며
벌 나비와 꿈결 같이 속삭여도
잎이 가진 초록 물감 풀어 낼 줄 모르고
꽃가루에 꽃냄새가 어두워져
줄기의 수맥이 낡아 가는 모습을
그 누가 꺾으려 손 내밀고 파닥이겠어

명태아줌마

건망증이 심한 시간보다 더 건망증이 심한 좌우뇌가 술래잡기하는 동안 콜라겐이 가득한 너무나 흰 손이 가지런히 추린 날짜를 넘기다 재채기가 멎지 않는 배를 가르는데 낯선 얼굴이었어요 뭍에 발 디디면서부터 줄곧 누더기 비늘 쳐내기에 이골이 난 비린내 얼룩진 앞치마가 하루해 넘기기 전부였어요 어머니이기 위하여 명태아줌마의 닳은 칼날은 녹슬 사이 없었지만 모자람이 늘 기웃거렸어요 너무나 숨이 차서 모래알 하나 털지 못하고 선착장 폐타이어가 이를 앓는 어느 구석진 자리쯤에서 아이에게 보낼 학원비를 셈하며 짓는 한숨 소리 깊었어요

지나온 길은 딱딱한 구름과 함께 슬그머니 어스름해져 다시 돌아오지 않아요 한때 라일락 향기 같은 날도 있었으련만 별 흐르는 강으로 흩어진 기억들을 추릴 수는 없어요 그래서인지 해안을 파먹은 물길이 담담하게 흔들리며 주저주저하거든요 미닫이 사이로 가만히 들어와 다려지지 않은 냉기류는 전기장판 열선을 끊어 버리고 지나갔어요 이런 날씨는 하찮은 과체중마저도 흘낏거리지 못하지요 생각해 보면 몹시 혼란스러운 격랑의 비틀거림 틈에서도 정돈된 하늘을 꿈꾸고 있었는지도 몰라요 꽃무늬 비

단옷을 입고 좋은 햇살 속을 가무잡잡하게 파고드는 피부에 분을 바르고 싶었을 거예요

깊은 바다는 더 이상 고래가 숨 쉬지 않아요 창자를 빼어 던지며 아가미마저 갈가리 찢고 차가운 맨몸으로 죽은 스승이 사는 전당을 위해 진국을 바쳤는데 골다공증이 창궐했다지 뭐예요 꿈 보따리 메고 도회로 간 뼈 약한 아이들 피는 따뜻한지 부르르 떠는지 마른 가랑잎 소리 들려요 말라붙은 겨울 숲을 버티다 무너져 내리는 무릎관절에 파스 조각 붙임은 슬레이트 지붕에 비닐 덮기나 마찬가지예요 그러니 삼각파도에 둘러싸인 외로운 배처럼 나아갈 길이 아득한 거예요 사는 것이 모두 코 꿰여 매달린 채 언 바람에 시달리는 거나 다름없는 일이지요

바닷바람처럼 지나치게 자유로웠으므로 소금기 말라 빛바랜 머릿수건은 이제 직진을 벗어나 선회의 먼 길 접어들었어요 수평선을 벗어난 파도가 허우적이며 부르짖는 사랑 고백은 정말 가슴을 뜨겁게 할 수 있을까요 어둠을 풀기 위해 물꽃의 미끼를 던지면 아침노을이 우뚝하게 귀를 열어 줄까요 잃어버린 내일을 찾을 수 있을까 하여 구겨진 지폐를 펴 보는데 그렇게 또렷하던 초상화는 반짝

이지 않아요 아무것도 모르면서 다닥다닥 붙은 거북손 바라보며 기다림 가득한 할복장에서 어리석음 밀어넣은 미련을 두르고 명태아줌마는 어정세월의 붕대를 만지작일 뿐이어요

달

동산

달맞이 터

빛

타래

풍만한 가슴

솟는 듯 넘치는

오래

오랜

설렘

밤바다

들어왔는지 모르게 들어와
허공을 무너뜨린다
갑자기 활처럼 휘어진 어둠이 장막을 친다
엉킨 실타래마냥 휘말려 후끈거린다
바람꽃들이 들어와 상상을 가린다
상사병처럼 일렁이는
꿈조차 어지러운 눈동자

나갔는지 알지 못하게 나가
시간의 바다에 몸져눕는 파도
허물 덮고 잠잠한 척
속내 감춘 물보라 울부짖음 흐느적인다
불면의 너울 두리번거리는
몸부림
빠질수록 깊어지고 싶어하는 몸짓

마음으로 지은 풍경에 머플러가 하늘거린다
바다안개 젖은 유리창 오돌토돌한 수평선 풀어진다
낱낱의 물방울처럼 새뜻한 음성이 머릿속을 곁눈질한다

파도의 진물이 얼굴 들어 발자국을 살핀다
휘어진 백사장은 고백하고 싶은 부끄러움을 훌훌 벗는다
울음의 갈피에서 뛰쳐나온 지느러미 물결을 가른다
날아드는 어둠의 곤한 껍질에 몽돌 같은 밀림 끝없다

긴 빗속 절집

풍경 소리 미끄럼 타는 절집
둘러친 수풀에서 옮아 온 이끼 자욱하다
빗살 헤치고 피어나는 들꽃
새로운 색깔로 푸들푸들 태어나는 떡갈잎
원추리 산허리 치밀고 참나리 산마루 쳐다본다
산 속에 절 있는지
절 속에 산 있는지
희미한 하늘 소리 들리는 듯
뜬금없이
찌르 찌르르 찌르레기
버찌 알알을 훑고 간 마당에
진노랑상사화 입술이 파리하다
아궁이 검불 타는 소리
공양 끝 설거지 소리마저 둘둘 말아
골짜기는 산 아래로 달려가고
빗소리에 젖은 연화대도 탱화 속을 서성거린다
나무 향기 털어내며 빗방울이 갸웃거리는 사이
풀리지 않는 문제
팽팽한 연(緣)줄을 어쩌지 못한 행자

걸망 멘 어깨로
녹슬은 문고리 밀쳐 산문을 여니
운무(雲霧) 밀려와 발끝 묻어 버린다

맑은 빛을 기다림

어둠을 찢어 붙인 밤이 뒤척이다
햇빛 실은 징 소리에 밀려 가고
눈부신 새들 지저귐 귓불을 간질인다

산들바람 뒤적이는 갈잎 손가락
산 그림자 떠오르는 호수에
부끄럼 같은 물빛 미소 곱게 덧씌우고

초록 실로 새끼 꼬는 나팔꽃
둔치에 불어난 벌개미취꽃
흐드러져 윗눈썹 몽글몽글 구름 피운다

마른장마 느린 문장(紋章)은
때늦은 뻐꾸기 소리에 숨고
불칼 든 대낮이 개울로 뛰어든 다음 날

꽃불에 지진 하늘 한 모서리
오솔길 같은 손거울 안에 들여놓고
맑은 빛 진액 새순 울어나길 기다린다

연못

청개구리 숨소리 받든
진초록 구름송이들 사이
초승달 진솔빛 물든
봉긋한 천녀(天女)의 가슴
반쯤 여민 깃엔 금빛 점 점
연분홍 물감 찍은 듯 만 듯
바람붓끝 지난 자리마다
별 같은 향기 머무는데
가던 길 돌려 정자에 올라
잔잔히 눈길 보내는 나그네

봄 늪

봄 늪 한가운데 핏줄을 드러낸 바람이 온다 어지럼증을 가진 안개가 몸 속의 보드란 털을 밀어 낸다 분 바른 버들강아지들이 하늘을 향해 미끈한 머리를 일으켜 텀벙거린다 조금 숨이 빨라져 풀씨들이 딸꾹질을 풀며 몸 놀리기 실마리를 푼다 꽃술 냄새를 걸러 낸 꽃 지게미 익는 마을 어귀를 꺾어들던 편지 글줄이 튕기어 나간다 기다림의 조각들에 숫된 마음이 웃음처럼 스치고 새록새록 반가운 듯 고개를 끄덕인다 발가락을 빠져 나가는 개흙이 안개에 녹아들어 물수제비처럼 퍼진다

땅거미의 걸음이 느려지자 민들레의 걸음새가 산뜻하다 물 위 날짐승 떼춤을 훔쳐보려고 아지랑이들 모여든다 진저리치는 물방울에 들킨 궁금증이 한눈파는 사이 이슬 머금은 입술은 고요를 읽는다 굽은 징검다리를 건너기에 주저하며 곧고 바른 물살의 거리감을 가늠하지 못하고 맨몸의 봄 늪은 어제 오늘의 깊고 얕음이 쌓인 출렁거림을 몰래몰래 도화지에 그린다 출렁임이 밴는 소리마디에는 어린 노래가 푸르다 나뭇잎 흔들림이며 소매에 숨겼던 파릇한 손의 반짝임에 머리 감은 노랫말에는 가락이 돈는다

해가 짜낸 이른 아침의 젖이 노른자 퍼지듯 어금니를 덮는다 쌉싸름한 맛이 아랫도리를 따뜻하게 하는 동안 구름이 주워 담은 엄청난 빛살들이 각각의 이름을 온 누리에 툭툭 흩어 놓는다 꼬리를 남겨둔 채 사라진 도롱뇽의 단단한 길은 돌아보지 않고 달린다

은구슬 금구슬 부딪는 울림 저렇게 감쪽 같을까

부레옥잠이 손가락질하는 시간을 가지치기할 무렵 뿌리는 사방으로 퍼지며 환한 새 발자국을 더듬는다 품어 안은 사랑을 움틔우려 살갗 밖의 꽃물 지우는 미움 핥으며 물달개비들이 빨강과 초록이 만나 별꽃 이루는 꿈 이야기를 늘어놓는다 꿈의 밑그림이 떠올라 사라진 것들을 살려 내며 얼굴 씻은 풀잎들을 불러들인다 봄을 쬐는 늪에는 소리 없는 공기와 가벼운 바람 말고도 셀 수 없는 빛들이 껍질을 가진다 양지 달굼 입은 바람이 핏줄에 스민다 맨발의 노을이 늪 가장자리를 서성거리며 개구리 알을 쓰다듬는다

팔랑거리고 싶은 잎들

폭염 폭우
오락가락하는 여름날
완벽한 초록의 숲
힘 오르는 나무의 다리들

무더위 아랑곳 않고
아픔 없는 잎들이 미소 보내지만
바람결 실리지 않아 팔랑거리지 못하는
팔랑거리고 싶은 마음 아프다

잎 필 때 처음부터
아프고 안 아픈 잎 있던가
잎이 되면서 꿈이 크면서
피어남이 넓어지면서
한쪽으로만 햇빛 빗줄기 바람 퍼붓는
아픔 몰라 주기에 아린 돌기 돋았을지 몰라

아픈 잎 안 아픈 잎
모두 잎이므로

한 가지에서 맑은 마음으로
웃고 떠들고 부대껴 어울리면
고달픈 잎의 아픈 진저리 풀리려나

아프지 않은 잎들이여
잎들이 아파하기 전엔 무엇이었나
빗장 풀고 바라보기를
단추 풀고 마음 드러내
너 나 모두 안 아픈 몸짓만 하기를
아파하는 잎의 아프지 않은 마음도
오히려 아파지는 일이 없기를

난초석

밤새 어둠을 채우다
빛의 뼈가 일어서자
시치미 떼고 면벽해 앉은
무형상의 형상인 진묵(眞墨)
미소는 부드럽다

지울 수 없는 암흑
빛의 살로 닦고 닦아도
떠오르지 않는 얼굴
어느 눈결 밝은 이 있어
저 견고한 고독을 녹여 낼 수 있을까

마음으로 찍고 삐친
상징의 결정 더듬으며
까맣게 윤기 흐르는 고요 속을
싱싱한 유성(流星)들이 팔짱끼고
걸어 들어간다

나타남〔生〕 사라짐〔滅〕 모두 빛의 말〔言〕이다

샘

눈을 감아도 보인다
귀를 닫아도 들린다
암흑이 돌에서 움트고 있었구나
딱딱한 고요가 꿈꾸고 있었구나
푸른 별의 혈액
바위틈 비집고 나온 햇아이 미소
좁은 문 처음 여는 소리 청아하고
맛있는 공기 머금고 춤추는 빛 사슬
참았던 숨통 터지게 들판을 돋운다

금선정* 물 소리

노송 푸른 바늘잎마다
작은 새들 재잘거림
딱딱한 고요일지도 모른다
나뭇잎은 점점 하늘 가리며
더욱 푸르게 소용돌이치고
길 잃은 바람이
한 길 폭포 드리워
봄날 산유화 꽃잎 흘려보내고
산 그리매 칠한 노을 감치어
구르는 돌 더욱 매끈히 굴리며
물길 거슬러 물방울 튕긴다

그리움이 그리움에게
기다림이 기다림에게
그 스스로가 그 스스로에게
그 말없음이 그 말없음에게
가눌 길 없는 마음
한 파람 한 파람 풀어 내어
여리게 구름무늬 피우고

시선을 벗어나는 산울림 다잡아
들꽃 꽃잎 물들인다

빈〔空〕
허(虛)한 추녀 끝
부르르 깃 세워
목청 드높이는 댓잎의
조촐한 향기 받치고 떠오르는
은은한 전율은
거미줄 팽팽히 당기는 계절이
지난 뒤
달이 떠도
감추어둔 날개 비비적거리며
풀벌레처럼 울지 않았으리라

* 금선정(琴仙亭) : 정자 이름

감자 껍질을 벗기며

아내가 저녁밥을 짓는다기에
감자 껍질을 벗긴다
청동기시대 불을 다루던 사람의
입 안에 가득 괸 침의 색깔 같은
저녁놀의 미소가 감도는데
어두운 껍질이 벗겨지자
맨살 드러낸 입맛이 웃는다

스산하게 하늘 떠도는 꽃잎
신기루 같은 네온의 틀에
떫음 삐걱거리며
복기되지 않는 하루의 모습들이
하나 둘씩 떨어져 벽 뒤에 숨을 무렵

모래성이 파도에 쓸리듯
거추장스러운 차림새 제키듯
라일락 향기 구름에 떨어지듯
한 걸음 밝은 곳으로 나아가
껍질을 벗는다는 것

얼마나 홀가분한
순수 물결의 일렁임인가

밥이 되어 가며 눈물 맺은
속살 드러낸 감자알처럼
스러지는 먼빛의 보푸라기들로
나의 그림자는 지워지고
담백한 생의 어디쯤 다가갈
껍질 벗은 감자알의 뽀얀 웃음을 본다

나목

파도 소리 날리는 언덕
가진 잎들 바람에게 내어 주고
몇 안 남은 열매
멧새들이 물고 가 버린 후
홀로 흔들리며 섰는데
종종거리는 해 걸음 지나자
엷은 그림자마저 지우며
긴긴 어두움이 달려와서는
아름다운 계절 추억 남김 없다면
홑겹 생각이라도 달라며 저려 오네

양지꽃

검고 차가운 바람이 찢어발긴
목마름을 수술 중이다
흐물흐물 기울어진 뼈 세워
가슴 시린 성에 긁어낸다

오래오래 묻어둔 사랑
쏟아지는 아픔 도려 내고
새들이 물어 온 노래 부어 씻으니
저절로 아물어 꿰맨 자국도 없다

생기 되찾은 핏줄 늘리어
아무 일도 아닌 것처럼
바른 빛 따사로운 볕 쬐며
오순도순 이루어 낸 모계 집성촌

반들거리는 첫봄의 눈웃음
안개 접시에 말캉한 시 한 수 담고
소문도 안 내고 어디서 묻혀 왔는지
주문 같은 금빛 물방울을 흩뿌린다

오월에

마음이 혼곤하여 잠의 나루터에 다다른다
잠을 건너 보랏빛 휘장을 걷는다 꿈꾸는 문이 열린다

진달래 몇 송이 피어나 흔들리는 것은 봄이 아롱거리는 무늬다 북돋운 호박구덩이에 개똥을 듬뿍 두었는지 떡잎이 씩씩하다 허리 꺾인 바람이 가끔 놀러와 햇빛을 서리어 뜨개질하듯 들판을 누비고 다닌다 띠는 띠 동네에서 억새는 억새 동네에서 갈대는 갈대 마을에서 말 잔등처럼 출렁거린다 버들피리 메아리를 하늘하늘 감은 풀잎들의 촉기는 잠자리비행기처럼 이슬방울을 튕긴다 부끄럼 눈부시다

하동에 사는 먼 친척 아우가 보내온 손거울 모양 녹음판에 붉은 매화 푸른 매화 흰 매화 고운 색깔이 가득 담겼는데 호르르 날아오르는 참새 소리 닮아 종종걸음으로 쏟아진다 물결 가르는 은어 떼인 양 뛰어오르는 풀잎 냄새 허파 속에 풋풋하다 찔레꽃이 별 부스러기 같이 흩날리기에 바구니에 담으니 꽃물은 풍선 되어 날아오른다 아지랑이는 파란 노래를 지어 보리밭 이랑에 뿌린다 설레는 가

락 곱다

꿈 속의 소년은 꿈 밖에서도 소년이다
소년은 주름의 이랑을 넘으며 참 소년이 된다

가을걷이

건성건성 떨어 두오
새들에게 몇 알 남겨 주오
알뜰함이 지나쳐
검불 날릴까 고개 젓소

목마르던 옛이야기는 그만
남은 배춧잎 몇 장
벌레에게 덤으로 건네오
날개 펼 날 손 곱고 있소

어제 맺힌 애호박이 반들하오
뚫어져라 바로보지 마오
빗기어 바라보는 목덜미가
더 갸름해 예쁘기 마련이오

흘린 땀방울이 서 말이요
거둔 감자알이 서 말이요
빈속 채운 고마움 서 말이고
마음 가득 얻은 기쁨 서 말인데

무청은 엮어 널고
보드라운 깻잎 호박순 거두어
아랫집 윗마을 청하여
찐감자에 물김치 나눠 봄이 어떻겠소

남대천 둑길

한밤엔 내게 없던 잎들이
여명을 딛고서야 살아난다
늠름한 금강소나무 흔들리어 즐거운 버드나무 깡마른 느티나무 고약한 냄새 가죽나무 볼수록 가려운 버짐나무 취기 상큼한 라일락 싸늘한 벚나무 꽃에 비해 잎눈이 더 예쁜 개나리 살살 배 아픈 싸리나무 푸닥거리 중인 개털 복숭아나무 어우러져 숲 이룬 습지와 둔치 거두어들이는 둑길
질기어 지겨운 질경이 납작하게 들어붙은 꽃다지 근본 불분명한 패랭이 쑥스러움에 가슴 갸름한 원추리 얼렁뚱땅 들앉은 코스모스 노랗게 찡그리는 민들레 벌벌 기어가는 벌개미취 잎마다 꽃무더기 토끼풀 어슷비슷 억새 이리저리 어지러운 쇠뜨기 새파랗게 질려 버린 창포 제 키보다 높은 나무 아래에서 순서 없이 발광한다
억수로 퍼부어 온몸 드러낸 모든 그림자까지 겁나게 빨아들인 빛 속에서 비로소 뛰뛰는 박동 금방이라도 똑 떨어질 것 같은 꽃잎 허공의 품으로 꽃물 든 소리 날아오르는 풀포기에 완벽한 즙액의 줄기가 일어서는데
이리저리 헷갈리는 길

비틀비틀 취하는 길
약삭빨리 질러가는 길
더듬더듬 더듬는 길
갈팡질팡 빠져드는 길
아득아득 묘연한 길
길은 바다로 열린다 길은 산악으로 치닫는다
길은 적막 막막한 발자국 찍으며 눈부시게 숭엄한 외로움이 걸어가는 남대천 둑길 가뭇한 맨발을 잡으려는 듯 침묵의 영혼 같은 해돋이의 팔매질이 벌어진다

콩

비탈 밭에 기승을 부리는 바랭이
억세게 뒤덮는 쇠뜨기
휘감아 오르는 새삼 줄기 털어 버린
잎 그물맥을 타고
바람 한 삼태기
소나기 세 바가지
뙤약볕 다섯 짐
뻐꾸기 소리 열 소쿠리
달빛 머금고 탱탱하게 영근 알맹이들

어머니 숨소리 스민 손맛을 두레상에 골라놓는다

달빛

언제부터인가
가슴 속에 박혀
이지러질 줄 모르고
고요 흔드는

둘이 아니어서
부딪힐 일
엇나갈 일
결별할 일도 없이
떨고 있는

오직
외로움의
외로움으로
외로움이 이글거리며
새겨지는

햇빛이 부른다

소리 없이
햇빛이 부른다
풀씨들이 발름발름 눈 뜬다
꽃망울들은 세상을 열고
솜털 벗은 잎눈이 생글거린다

보라는 듯이
햇빛이 부른다
풀잎들이 휘어진 저쪽
나뭇가지 잎들 몸 모양 틀을 잡고
꽃잎 떨어뜨린 자리 흙냄새 맺힌다

하늘이 노래를 펼친다
노오란 노래는 하늘 소리
안개 낀 가락 맑아지는 순간
눈부신 물결처럼 속삭이는
소리맵시 눈감아도 읽어진다

햇빛은 알몸의 잎맥

각도(角度)를 바꾸어
속눈섭 가늘게 떨며
체에 밭은 것 같은 그늘마저
손 흔들며 부른다 향기롭게 부른다

혀를 헹구다가

앞뒤가 안 맞는 말을 들으매
귀가 썰렁해지고
귀가 어지러우니
마음에 고약한 냄새 가득하다
더럽혀진 마음에서 튀어나온 말
그을려 찌든 때 묻어나기에
며느리밑씻개 풀물은 분에 넘쳐
노루오줌풀물로 혀를 헹군다

얼떨떨한 무늬 얼기설기 꽂은
엉너리 덧대어 시침질한
날줄은 죽고 씨줄은 녹아 버린 말들
줄줄이 엮어 늘어뜨리고
나란히 벌리고 줄 세워 놓은 거리
희떠운 말들 바라보니
물먹은 소처럼 뱃가죽 늘어나고
구역질만 알량하게 솟구친다

빈말 헛말 쓴말 거짓말 빌린 말

날선 말 버린 말 녹슨 말 독한 말
어찌해 참말은 없나 본보기 말은 없나

말이 만든 세상
말이 꾸민 마을
말로 부풀린 살림이야 얼마나 찬란할까마는
귀가 산뜻하게 맑아지려면
어지러운 마음 깨끗이 가셔내려면
어떤 잿물로 빨래해야
험상궂게 거칠어진 혀 보드라워질까

왕년

나는 요즘 왕년에 사로잡혔다
얼마를 돌아가야 나타날 왕자인지
얼마를 따라가야 드러날 여자인지
분명치 않다
블루진 나팔바지 장발 색안경
스카이대학 동창회원 되어
생음악다방 낙지골목 왕대포의
낡은 왕년에 물든다
대대로 뼈대 있는 부유한 집안의
군대에서 완전 편하게 놀고먹은
왕년과 동거한다
얼마나 천박한 여자인지
얼마나 고절한 왕자인지
앞뒤가 헛것처럼 보인다
젊은 수사자처럼 날뛰고
앙칼진 늑대처럼 할퀴며
앞날 뒷날 없던 왕년
밤새도록 예쁜 꽃과 망명하던
몇 달 몇 날 어둠과 겯고틀던

왕년의 왕년 왕 왕 왕년
달콤한 짓무름 어디쯤 번졌을까
왕의 거드름 년의 화장술
왕년에 얼크러져 허둥거리다 보니
공허의 그림자 껍질이 나 흐린다

월송리

월송리 손짓에
책갈피에 꽂았던
달빛 내려 품고
달 맞으러 가네

그믐달 초승달
반달 온달
가슴 적시는 빛발
물보라 일으키네

솜솜이 흐르는 맑음
귀를 열어
꽃가루 머금은 솔잎
하얗게 씻어 주기에

품에서 달빛 꺼내
오롯이 정자 한 채
마음으로 지어 놓고
언덕길 돌아 나오네

접시꽃 마을

바다가 뭉클뭉클 토해 놓은 빛다발들
마을 뒤덮고 사나운 꿈자리 떨어낸다
들꽃들은 선홍빛 잇몸 드러내며
발자국 어지러운 황톳길을 줄달음친다

바람결이 빗겨 준 나뭇잎들 머리카락에
연한 향내는 목덜미 어르며 지나가고
푸른 눈을 가진 새의 물기 머금은 소리
여러 겹 어눌한 두려움으로 나를 감는다

뼈가 굵어 가는 옥수수 강낭콩 푸성귀들
노랗거나 하얗게 영근 맥박 웅성거리고
아치 그리며 떨어지는 빛의 알갱이들이
맑게 닦은 청동거울 되비침에 열렬한데

피어오르는 오로라에 그을린 수탉의 볏
불타 재가 된 파도에 목 꺾이는 한나절
빨간 접시꽃들이 골목마다 차고 넘친다
하얀 접시꽃들이 터진 봇물처럼 날린다

산사람

산꼭대기는 목이 잠기도록 사나운 바람 붙들고
밤새워 등불처럼 깜빡인다
깜빡임이 그리움처럼 팔 벌리고 있어
산사람의 발걸음에는 초록 피가 물살을 일으킨다

산문 여는 소리 날아오르자
잊어먹지 않게 헛걸음 되지 않게
발자국 꼭꼭 찍으면서
열 걸음 스무 걸음
서른 마흔 쉰 예순만큼 공들여 넓어지는 갓밝이
운지버섯 같은 어둠이 기슭을 쓸어 가고

열에 들뜬 가슴이 엉거주춤 망설일 때
수많은 나뭇잎이 레일처럼 뛰어가므로
산을 탄다
산사람은 하늘을 보지 않고도
산 어디쯤 올랐는지 알아챈다
말라비틀어져 모로 누운 나무 등걸이며
흙냄새 서성대는 입모양에 따라

추운지 배고픈지 쓸쓸한지 초조한지
바람이 들쑥날쑥 흘리고 간 표정을 읽는다
어딘가를 조금 가리고 싶은 사람의 부은 발목
누군가를 조금은 탓하고 싶은 충동의 지팡이와 더불어
오래도록 오르내린 관성이 수런거리는 잡목림에 스민다

호랑나비 애벌레 손에 뜯기고
장수하늘소의 발에 차여
올라보지 못한 자의 불길한 시간이
고통스럽게 고개 드는 비탈길 산사람
피어나는 하늘나리 수줍은 눈웃음 펴내어 마음 씻는다

들꽃 노을에 물들다

산꼭대기 맞닿은 서녘 하늘에
노을이 드리워져 있다
뚝뚝 단팥 맛 흘리는
구름 한 점
바람이 떼어내 꽃빛 적시어 가져왔다

꽃빛 바람 흠씬 머금고
윤기 흐르는 들꽃들 촌스러움들
깨어나는 벌레 속눈썹 긴 나비들
별의 뿌리들 깻잎 지느러미들
내 몸 마음 자유로이 드나들었고

천진스런 나의 들판
가득한 나무들 조약돌들
짜릿한 향기 헤엄치는 과일들
싱싱한 목덜미 갸름해 좋았다
부드러운 흙 보듬은 미소 예뻤다

아내의 잔소리에 속 쓰리고

손톱이 빨리 길어 아린 잡념
무시무시하게 뒤꿈치 갈라졌어도
들풀 한 잎 붙이면 나았는데
상처 자국 없게 깨끗이 나았는데

노을에 눈물 묻어 버린 사람살이
새로운 허물벗기 죽음을 만나면
나에게 말하리라
상큼한 차 한 잔과 가벼운 생각으로
노을처럼 정갈한 맨발이 아득하였다고

하늘 맑은 날에

저 시냇물 흐름 속이라면
몸통 헤치고 허파 염통 콩팥들
마음 놓고 씻을 수 있겠다
방금 닦은 거울처럼 맑게

저 가을볕 아래에서만은
배를 가르고 쓸개 창자 밥통들
널어놓고 말릴 수 있겠다
미사포처럼 하얗게

살랑살랑 뒤집히는 눈치 하염없이 망설이는 눈독
틀어져 핏발 선 눈곱 힐끔힐끔 뒷구멍 찾는 눈물
절어 곪아터진 몸
문드러진 속귀 비탈진 마음 어찌 놓을 수 있을까

저 가을바람 설렘 손에 들어앉으면
억새꽃처럼 빛날 수 있겠다
갈대꽃처럼 흔들릴 수 있겠다
목관악기 그 부드러운 힘줄로 옷 지을 수 있겠다

꽃창포

향긋한 머릿결
마음 속에만 두고
어쩔 수 없어 머뭇거리다
느릿한 걸음으로
다시 찾았을 때
발자취는 감감하게 스러졌고
언제까지나
기다릴 거란
가녀린 손가락 약속
꽃 같은
물방울 모양
그리움이
예쁜 구름 두르고
이명(耳鳴)처럼 울려 온은
별리의 아쉬움인가
해후의 눈물인가

어머니의 달

어머니의 달에는
모지라진 숟가락 같은
애비 잃은 새끼들의 꿈이
마른 풀잎 헤치고 새싹처럼 쏟아졌다
함포 따발총 소리 모자이크 된 두려움
집 안에 아무렇게나 널려 있고
감자 밥풀 몇 낱 붙은 솥이
식은 부뚜막의 적막을 지키는 초가삼간
손바닥 모양 마당 보다 못한 어머니
이른 새벽 우리 몰래 사립문을 나섰다
즈므 한밭 핸다리 해운정 모싯골 순개
휘돌아 밟은 어머니의 보따리가
색동저고릿감 자투리 실밥처럼
노을 짙은 저녁밥을 풀어 놓았을 때
짠 소용돌이는 혀에 아득했다
한 생을 치마끈 느슨히 매지 못하고
꿰매도 꿰매어도 버선볼 아물 날 없이
하얗게 닳은 고무신 뒤축 이끌고
걷고 걸어야 했던 어머니의 달이

오늘 또 그렇게 여울을 흐르고 있다
소리 죽여 흐르는 물처럼 손끝 저리는
그리움의 벼랑 헤매어
곯은 뱃속 울음 떨리는 목젖 누르며
씀바귀 진액 얼룩진 달력 넘기기 위해
쓰라린 염통에 숨긴 누더기 열어젖히니
대물림의 흰 머리카락처럼
달빛이 내 발자국을 따르고 있다

세 걸음 물러서서

씨앗을 뿌리고
물을 뿌리고
세 걸음 물러서서
촘촘히 못 박는 햇빛을 본다
초록의 향기는 어떻게 덩굴지는가

나붓이 떡잎 열고
연두색 체온의 우아한 미소
세 걸음 물러서서
톱니바퀴처럼 흐르는 물 소리 듣는다
뿌리는 어떻게 물의 분화구를 넘는가

씨껍질 뒤집어쓰고서야
새 세상 열리게 된다는
알껍데기 깨트리고서야
새 생명이 발굴된다는
숨결은 한 걸음 물러설수록 출렁거린다

어깨춤 익숙한 흙에 추임새를 붙이며

몸 달아 불끈거리는 밭이랑 토닥이며
덩굴지는 초록의 향기로부터
세 걸음 물러서서 내 생의 오후 여섯 시
주렁주렁 줄기마다 맺힌 망울 바라본다

가을 산울림

말벌집이 매달려 있는 나무 아래
아람 벌어 떠나보낸 밤송이들
시간은 엄숙하게 가을볕 빨아들이며
크레파스 냄새가 났다

가으내 드나들던 말벌들
지난날을 덧칠하여 몸 나누는 나무들
서른여섯 색 크레파스 가운데
남은 밤색이 꿈틀거렸다

새잎 돋아 필 때보다
곱게 물들어 떨어지기
더 힘들어 말 수 잃은
구릿빛 발자국이 피워내는 향수(鄕愁)

쌓인 나이테들 속에서
또다른 나이테들이 맴을 도는 동안
알맞게 무르익은 냄새의 조각들
아름드리 같은 여백까지 덮어 갈 것인데

남은 살 날 열어젖히고
꽃씨 뿌릴 크레파스 속살 흐느낌에
한 뼘씩 출렁거리다 보니
꿈의 잔가지가 산울림 한 폭 내걸었다

동강할미꽃

봄기운 속 차가움
띄엄띄엄 흩는데
늙어서도 간직한 말
드러내지 못하고
가까스로 벼랑에 기대인
동강할미꽃

옛날의 그 할미꽃
변함없이 오늘 그 자리에 돌아앉아
도도하게 다시 피어
마음을 뭉클뭉클 흔들어대는데

쓸쓸히 노을 내리는 풀 더미
소쩍새 피울음 물들이는 골짜기
저기 저 뒤편
외로운 지팡이 끌며
바람소리 가뭇가뭇 멀어지고

흙탕물 가셔내며 굽이치는 물굽이

푸르른 그리움을
절절히 세워 새긴 돌기둥
죽어서 다시 사는 화석인 양
그림자 긴 나그네 발걸음만 어지럽힌다

송정리

송정리에 가면
솔밭이 있네
소나무 그늘 아래
잡것 하나 섞이지 않게
누억년 얼굴을 씻은
해맑은 모래불이
펼쳐져 있네
모래 속에 묻혀 있는
조개들의 달달한 이야기
가슴에 닿는 것이 좋아
송정리 솔밭
소금기 짙은
바람을 만나러 간다네

발원지에서

그대여 오 그대여
내게 좁다란 길 하나 열어 주세요
가슴이 시끄러워
숨소리로 팔굽혀펴기 해요
무릎 덮는 바람 헤치며 맨발 딛고 싶어요
피리 소리 시늉으로 달을 붙잡아 세우는
길 하나 만들어 주세요
크게 화난 하늘에 꽃 뿌리고
시냇물 그대로 흐르게
길가에 사람들 모아 풀잎 같은
노래 불러 주세요
그대여 오 그대여
하나의 해 아래
언제나 피어나는 연꽃
따뜻한 기류 세상으로 다가가게
좁다란 길 하나 내어 주세요
책꽂이에 꽂혀 있는 시간의 바로 선 꿈
무늬 짙은 종이들 짤랑짤랑 만져 보고 싶어요

고로쇠나무 보고 싶은 날

황홀한 낙엽 덮고 잠든 실뿌리들
남은 눈 끌고 북쪽 언덕 넘고
아직 동백은 멀었는데
목구멍은 검불 타듯 열꽃 피운다

나에 대한 모름이
온몸을 흔들어
속절없이 쩔쩔매며
천둥처럼 봄나물 얼굴을 흔드는데

녹슬어 가는 불빛 안개 속에 용해되고
가벼워야 할 염통살 짓눌러 불순물 짜내는 결에
가부좌 틀었던 침묵은 초록빛 비수 휘두른다
부글부글 자라는 번뇌의 이파리 오르내린다

물살 휘젓던 바람 반음 낮은 소리 내며 귓가에 스칠 때
천지가 무너져 내릴 것 같은
햇빛 속에서
뒤채이던 울분은 젖은 꽃잎 허벅지에 흐른다

허무 무성한 기다림이 풀풀 날아
고로쇠나무 두드렸는지
움츠린 시간의 결
신경세포 분열 발끈 소리 지른다

발설할 일은 아니지만
야광주처럼 차갑게 빛나는 어둠 저편에서도
두근거리는 가지들의 속내엔
새로 맞은 하늘 향한 꿈틀거림이 고개 들고 일어선다

눈

올봄은 눈이 잦다
가볍게 날리기
미련히 퍼붓기
샛바람 타고 왔다
간지럼 같은 눈 풍경
햇살 움 트면 금세 간 곳 없다

하얀 나뭇잎들 피고 지고
하얀 꽃술 태어났다 슬어지고
아린 풀잎이 눈물겨운 날이다
주섬주섬 산수유가 오고
멈칫멈칫 매화꽃이 가고
흙의 숨소리가 맛있는 날이다

하루를 넘기지 못하는 봄눈이나
하루를 버티지 못하는 보고픔은
녹아내려 흘러가기
흩뿌리어 날아가기

댓잎에 앉은 바람 냄새 같은 것
귓불 밝히는 산새 소리 같은 것

애기달맞이꽃

굽이굽이 산모롱이
여기저기 샘솟듯 꽃피우며
누군가 그리움 간직하고
서성이고 있을 것 같아
발걸음 재촉하는 고개
손잡는 구름자락 달래고
이별 그림자 띄워 보낸 뒤
잊었는가 싶던 몸살 도져
실없는 안쓰러움만 끌어안고
밤이슬 맞으며
촉촉이 부스러지는 너
어스름이 열어 보인
한 옴큼 은은한 달굼에
쓸어안을수록 흩어지는 얼굴
말끔히 닦고 닦아
때 타지 않은 생각
티 없이 매만져 늘어놓고는
산들산들 풀냄새 결을 타고
솟아오르는 달빛 입은 나비들

사람살이

오막살이
초가
막둥이
마당쇠

둘도 없는
철부지
벌거숭이
굴렁쇠

세마치
휘모리장단에
떠돌던
돌쇠

한 세상
살다 진 빚
떨이하는
열쇠

골목길

한평생 땅만 굽어보며 걸어온 길
오늘따라 민들레 냉이 오랑캐꽃
작은 손 흔들어 새삼 정 겨운데
날마다 고르고 골라서 바람에 휘지 않게
어둠에 물들지 않게 빛살만 부어
고르고 간추려 사뭇 웃자란 진솔들 늘어놓은
나무 바위 구름 골짜기 전깃줄 타고 몰려나간 뒤
곤한 잠처럼 햇살의 짧은 다리 절반으로 접힌다

무거운 가방 메고 힘주어 내딛는 다리들
풀 먹여 빳빳이 고개 들고 재잘거리는 그림 떠올리는데
나간 사람 나간만큼 허전한 빈 자리 넝쿨처럼 감아 오르고
들사람 들기 기다리는 돌담엔 자욱한 이끼 애틋하다

명자꽃보다 진한 입술 갖고 싶은 명자는
명자꽃이 피기도 전에 새벽을 밟았고
애기씨꽃 가시덕이 산당화 장수매 이리저리 이름 바꾼
명자 찾아 돌다 돌다 돌다 돌아오지 않은 삼돌이의 명자꽃
이야기가 표정을 잃으며 껌뻑거리고 있는 저물녘에

산 그림자 흐릿한 물 위로 새들 날아 바람 흔들듯
낯설어진 골목 몇 개의 굽이를 돌고 이르러서야
적막감이 팔꿈치 끄트머리에 욱신거린다

노랑물봉선

맑고 연한 눈웃음
산수유 생강나무 꽃 그림자 품고
산안개같이 흐르면서 피는 꽃
한창 부풀어오르는 산 가슴
자지러지는 꾀꼬리의 뜨거움도
이팝나무 등쌀도 천연덕스레 벗는
외지고 비탈진 반그늘 물가에
눈부신 경련
생글거리며 춤추는 요정들
맨얼굴에 붙이고 잠들었다가
먼 먼 훗날에
다소곳이 다시 깨어나면
아기 손처럼 짜릿짜릿 토닥거릴 듯한

장미꽃 아지랑이

고요의 돌기와 눈을 맞춘 햇빛
이슬 줄기에 힘 올리어
꼭 껴안았던 어둠의 팔 풀리자
향긋한 혀들이 등뼈를 녹인다
부글거리는 분화구의 색감으로 녹는
사랑이사
지옥의 불덩이라 할지라도
머리에 이고 빠져 버리고픈
점점 더 빨갛게 끓어오르는
탕(湯)의 수증기처럼 피어난다
온밤 방울방울 속삭임 쌓아
바람결 같은 몸 안에 접어 넣어
은실 같은 미로의 옷 벗고
상기된 음모를 팔랑팔랑 흔든다
혈맥에 숨겼던 숨결로
안으로만 숙성되는 속살에 갇혀
이름 없는 풀잎처럼 오래오래
발을 뺄 수가 없는 나는
꽃물 아지랑이에 실려 나부낀다

낙엽 비

노랑잎이 초록잎을 보내네
뒤돌아보고 뒤돌아보아도 보이지 않더니
돌아서 걷는데
저벅저벅 나뭇잎 소리 따라오네

파란 하늘에 무늬 놓은 노랑잎들
지고 날리며 휩쓸리어
바람 속으로 가뭇없이 사라지면
바위틈에서 솟는 물 한 모금 마시고 싶네

달아나는 시간 바퀴 틀에 끼인
망설임 조각들 못 본 척했던가
연두 주황 다홍빛 잎사귀의 속삭임
한때인들 잊은 적 있던가

그리움이 고비에 이르면
헛것 어른거리고
외로움이 마루에 다다르면
헛소리 둥둥 울린다네

넓은잎나무 같은 외로움 숭어리
그리움의 목덜미 쓰다듬는데
비처럼 내리는 바늘잎나무 숲엔
젖은 외로움이 그리움에 감기어 서리네

모란꽃 그늘

모란꽃 그늘
어린 풀잎 여린 기지개
맞추어 누군가의
무늬에 간지럼 뿌리듯
염문 퍼져 나가 맺힌 몇 송이

뜨거운 마음 부르트지 말라
달그림자 이지러질 즈음
이야기 골짜기 헤집어
이슬방울 털고
꽃잎 벌어 허공에 번지는데

붉은 얼굴 잔잔한 미소가
손바닥 크기로 내 가슴
한 조각 한 조각 가릴 때
또렷한 입술 자국
심장 안쪽에 쿵쿵쿵 나부끼면

터질듯 부픈 빛발 따내어

어둠 속 벽에 걸어두고 싶지만
광속(光速)으로 돌아가는 꽃잎들에
흠뻑 물 뿌려야 할 모란꽃 그늘엔
다시 수증기 같은 기다림만 서성이고

자작나무 언덕

자작나무 언덕 끄트머리
잔주름 몇 개 일렁거리며
서둘러 붙은 불 끄려
솜털 같은 서릿발 내려쓴다
뒤따라오는 거친 숨결 잊은 채
푸른 허공만 바라고 달린 겨드랑이
파고드는 뭉게구름 홍수
요란한 발굽 소리 내며 흘러내리고
사람과 사람 사이 보다 가깝게
하얀 포옹들이
빗살무늬 이루어
포슬포슬 심장 조각들을 부풀리면
나뭇잎들의 눈부신 생애는
등줄기에 꽂히는 햇빛의
향기 같은 과다출혈에 젖고
비취 하늘은 한 켜의 허물을 벗는다

거북아 거북아

수로왕을 내린 거북이나
수로부인 앗았다 내놓은 용은
머리 아니 내면 구워 먹겠다는
말 한 마디에
선뜻 세상에 아름다운 사람 내놓았네

거북아 거북아
머리를 내어라
말 같지 않은 말 꿀꿀대는
저자거리에
머리다운 머리의 다스림 빛 찬란하게

만약
내지 않으면
하늘 아래 사는
아홉 어진 이들이
얼른 잡아서 구워서 먹겠다 하리

살구나무

일곱 살 적 다섯 아름
열네 살 적 네 아름이던 살구나무
저승잠 잦아 혼곤한 내 뒷덜미에
함박눈 같은 꽃잎 피워 펄펄 날리네

퇴비장 밭은기침에 녹아내린 눈
장닭들 파헤친 보리밭 봄 가뭄
트고 헌 논둑 덧바르는 가래질
짤막짤막 잠 속에 꽃잎 되어 날리네

허름한 침묵의 토담에 기대어
꽃 좋고 잎 우거진 개복숭아 옆
살구 냄새 은은하여 눈 맑던 기둥
은싸라기 금싸라기 꽃잎 되어 날리네

박힌 돌 못되고 세상 밖만 구르다
굴러온 돌 되어 버린 이 어리석음
꽃 피워도 열매 맺지 못한 돌머리를
가래 돋우며 재 털던 장죽이 탕탕 치네

스무 살도 되기 전에 문득 사라졌다가
말라 버린 심금에 수런수런 자라나서는
백발 주름살 화들짝 놀라게 하고나서
저승잠 갈피마다 살구꽃 꽃잎이 날리네

먼지떨이

먼지를 턴다
바짓가랑이며 저고리 단추에 붙은 먼지
살 속으로 뼈 속으로 쌓일까 싶어
먼지를 턴다
투박한 욕심덩어리 편벽된 지폐의 구겨짐
찢어 버리지 못한 사진첩 갈피 낡은 낙서
단 한 번 듣고 시들해 늘어진 유행가 가락
겨우 두 번 만지고 축축해진 멸치꼬리 부서짐
같은 먼지를 턴다
고독한 살 냄새의 나뭇잎에 스러질 것
맹독의 개구리 등에 업혀 떨고 있을 것
부끄러움의 터럭 다 태우고 재 남기지 않을 것
기억의 울타리를 넘나들어서는 아니 될 것
같은 먼지를 턴다
얇은 가계부 뒷면에 끼어 어둠에 길든
늦잠의 기지개에 치인 생얼굴 가리려는
어깨가 휘일 만큼 짙은 구부러짐에 밀린
옮겨 딛을 힘 잃어 꽃값도 떼먹지 못하는
먼지를 턴다

한물 간 쫓아내기 솜씨
먼지떨이 활약 트이길 바라며 앞문 뒷문 연다
어쩔 수 없이 자그만 충격에 떠오르다
흔하디흔한 빛 가운데 풀썩 주저앉거나
어둠의 내밀한 틈바구니로 탈주하는 먼지
싸구려 기를 모아 애 쓰고 털어 보지만
바람결에 밀리어 나가는 듯 들어와 눌러 붙는다

먼지떨이를 생각해 낸 마음이
먼지떨이를 쥔 손에게 무안하다

항아리 속 하늘

햇살 적당하고
바람 알맞은 날
배롱나무 꽃송이에 벼 익는 소리 피어나고
햇솜 같은 구름 빨아들인 사과 주렁주렁한
옛집 장독대
누웠거나 더러는 금 간 채 엎드렸는데
살갗 헐어 불그레한 항아리 속
하늘에 코스모스 꽃잎 흔들림
파르르 참새 날아오르는 소리
노란 감잎 맴돌아 내리는 그림자 겹친
어머니 동영상 한 폭 비친다
가늘게 흩는 몇 가닥 흰 머리카락
이마에 세 줄 큰 주름
눈 아래 여러 겹 잔주름
내리닫이 윗입술 빙그레 웃으신다

자작자작 조약돌들 항아리 어르는 속삭임에
속앓이 풀리라 끓여 주시던 토장국 떠올리는데
촉촉이 젖은 눈시울에서

내 잘못 가르친 탓에 네 그릇 조그맣다는 음성
귀에 명치에 옆구리 결리게 저려 온다

기다릴 줄 모르는 세월 나무라며
바람에 흔들리는 나무처럼
꼿꼿해지는 회한에서 몸 돌리려 하자
항아리 속 하늘에
어머니의 구부러진 검지가 안녕을 흔들며 잠긴다

| 작품해설 |

감성적 교시(敎示)와 감동의 파상(波狀)

| 작품해설 |

감성적 교시(敎示)와 감동의 파상(波狀)

—최승학 시인의 시적 형상과 의미론적 순환

엄창섭

(김동명학회장 · 국제PEN한국본부 고문)

1. 전율, 그 감동의 이중적 거리

그 자신의 향리에 거처하며, 알맞은 시적환경의 조성에 열중인 최승학(崔乘鶴) 시인은 천년의 시향(詩鄕)으로 일컬어지는 강릉에서 평자의 스승이던 원영동 시인의 문하생으로 고교 재학 시절부터 문예반에서 활동을 했다. 자랑스럽게도 1년 선배는 한국문인협회의 정종명 이사장이다.

1997년에 그는 『혼 맥문학』의 원영동 주간에 의해 「산들의 가슴은 비어 있었다」로 등단한 뒤, 『허튼소리』, 『대관령의 달빛 개망초』, 『바람 그리고 목소리』, 『해바라기 그린 해바라기』, 『휘파람새와 황금빛 숲』을 포함한 중량감 있는 시집을 간행하였고, 2012년에는 백교문학상을 수상한 정직하고 강한 자존감의 소유자이다.

이번에 묶어 내는 깔끔하게 시정(詩情)이 정제된 시집 『항아리 속 하늘』은 「序詩」를 비롯하여 무려 68편의 음조와 색채가 다채롭지만, 정교하게 다듬어진 톱니바퀴들은 하나의 틀 짜기로 맞물려 있다.

자신을 해체하고 재조합하는 창조행위는 시적 상상력과 결속된다. 따라서 특정한 시인의 정신적 생산물을 놓고 생명적 기호인 소통의 도구에 의해 통일된 체계의 유지와 정체성의 탐색은, 우주의 신비를 캐어내는 현상으로 가늠되기에 결코 긴장감을 늦출 수는 없다. 불확실한 시대에 몸담고 있는 우리에게 참담함을 충격적으로 안겨 주는 항목들을 새삼 열거할 필요는 없지만, 기억 흔적에 남겨두어야 한다면 질서의 무너짐과 으깨어진 서정성의 불감증이다. 이 점에 있어 말끔하게 직조된 시적 형상화를 매개로 하여 감동의 파상을 자잘하게 불러일으켜 존재감을 회복시켜 주는 최승학 시인은, 손쉽게 접하는 일상의 소재를 능란하게 다루면서 강물처럼 덧없이 흘려 보낸 시간을 본질적 고독 앞에서 끊임없이 성찰하고 반문하고 있다.

> 하늘 빛/ 받아/ 즈믄/ 향기 품은/ 들꽃의/ 꿈/ 이슬에/ 젖어/ 흙이 부르는/ 노래/ 눈웃음/ 싣고/ 춤추는/ 바람// 들꽃은/찬란한 자유다
>
> —「序詩」 전문

인용한 자서(自序) 격인 「序詩」를 통해 최승학 시인은 소통의 실체에 충직하며 인상적 비평이나 지각과 미끄러짐의

시학으로, 그 자신이 매혹적인 시적 형상화가 간혹 낯선 사유(思惟)의 상투성에 의해 생산된 기형이 아니기를 못내 경계하고 있다. 까닭에 느림의 시학에 의존하여 따뜻한 감성과 서정성보다 자극적인 공감각의 파상(波狀)으로 오염되는 미의식의 저속화를 정제하려고 '심상의 소통과 항아리 속 하늘의 상징성'을 시적으로 형상하여 감동의 느낌표를 찍는 부단한 노력은 가치 있는 창조행위와 결부된다. 무릇 예술의 매력이 분리와 고립으로부터 인간의 독자성을 초월하여 타인과 통섭(通涉)의 이치에서 일체가 될 때, 비로소 아름다움과 감동을 불러일으키듯 그의 시격은 형사(形似)를 깔고 있어서 미적 정감을 충동적으로 안겨 주는 역동성을 지닌다. 그 자신이 시 쓰기에 몰두하며 분망한 삶의 일상에서 질료의 본질을 새롭게 형상화한 결정체는, 「항아리 속 하늘」을 통하여 독자인 우리의 기대 이상으로 시적 상상력을 열린 우주로 확대하고 있어 바람처럼 자유로운 신비감을 지닌다.

2. 소통의 도구와 바람의 통로

모름지기 순수서정시를 쓰기가 힘겨운 시간대에 최승학 시인의 시집에 대한 소회(所懷)는, 더없이 맑고 차가운 것들을 통해서 감각의 깊이를 확장시키려는 창조적 역동성이 시적 형상화를 통해 보다 진일보되어 소외된 계층의 아픔까지도 대상화시키려는 뜨거운 그의 시혼은 눈물겹고도 따뜻하여 가히 절창(絶唱)에 해당한다.

오막살이/ 초가/ 막둥이/ 마당쇠// 둘도 없는/ 철부지/ 벌거숭이/ 굴렁쇠// 세마치/ 휘모리장단에/ 떠돌던/ 돌쇠 // 한 세상/ 살다 진 빚/ 떨이하는/ 열쇠

—「사람살이」 전문

시적 상황의 실제적 해석으로 따뜻한 영혼을 지닌 사제로서의 엄숙한 역할을 수행하는 다정다감한 그에 대한 시정신과 '-쇠'가 반복하여 울려 주는 각운에 대한 분할은 의미를 지닌다. 어두운 삶의 질곡 속에서도 가시적인 모든 물상이 끝내 소멸되고 '떨이 되지만' 창의적인 예술가는 그의 이전 작품에 결코 만족할 수 없기에 전통의 실타래를 다시 꼬아내면서 계속해서 다음 작품을 창출한다. 이처럼 지난(至難)한 몸의 시학으로 명증해 보이는 성실함을 '감춤과 미끄러짐의 시학'이라는 담론을 통해 일관된 의지로 '한 움큼씩/ 한 아름씩 묶어/ 잎 자리 짜맞춘다/ 뜨거운 맺힘의 욕망/ 바람이 더 부드러운 바람 풀 때마다/ 노을이 자지러지게 몸 풀 때마다/ 알알이 굵어 가고(풀다)'에서 발현(發顯)되어지는 그의 시혼은 너무 투명하여 눈부시다.

한편 우리는 구조적으로 암울한 사회현상에서 존재의 가벼움을 종종 체험해 왔다. 그러나 무엇보다 자명한 것은, 미래의 세기를 구축하는 힘은, 예술에 대한 안목의 확장이며 시적 상상력의 자유로움이다. 따라서 최승학 시인이 삶의 현장에서 모성(母性)에 대한 감사와 그리움으로 담백한 시격을 심상(心象)의 깊이에 그 둥지를 틀어가며 관념의 본질을

끊임없이 규명하는 작업은 유의미하다. 이 점에 있어 그는 시의 본초강목(本草綱目)에 거리를 두고 '의식의 바다에 침몰하는 자기변명'에 일관하는 아집의 위험성을 스스로 경계하기를 주저하지 않는다. 빛나는 백교문학상의 수상작인 「어머니라는 이름의 여자」 끝 연에서 그 자신이 명증하였듯 '니 맘 다 안다/ 니 속 다 안다/ 천둥 번개 거센 파도 잠재우는 따사로움이/ 하염없이 쓰다듬어 내림하신/ 흰머리가 되어서야/ 이 땅이 번성하여 충만함이/ 저절로 차고 넘치는 것 아니며/ 한 삶이 한 삶으로 옮겨 가는 핏속에 녹아/ 언제나처럼 흐르고 흐른다는 것을 알아차리는데/ 들릴 듯 말 듯한 귓속말/ 꿀을 주기 위해 벌을 찾아 피는 꽃처럼/ 어머니라는 이름이 뭉클뭉클 피어난다'는 충직한 독자로 하여 특이한 착각이나 갈등, 그리고 환상에 가끔 빠져들게 하는 매혹의 비법을 지니고 있다.

특히 각고의 노력 끝에 침묵을 깨고 시인의 감성과 시적기교를 접목시켜 간행한 그의 시집은 피폐된 현대인의 영혼을 치유(治癒)하는 소중한 삶의 잠언으로 해석된다. 비교적 시집의 틀 짜기는 일상에서 접하는 신선한 감동과 아득한 기억의 편린(片鱗)이 그 축(軸)을 형성하고 있다. '뿌리들 입김으로/ 이승을 참 예쁘게 꾸며/ 널뛰듯 사뿐히 띄우는/ 없으면서 있는 그 누구의/ 알 수 없는 비밀 이야기들/ 꽃잎 보이잖아 꽃 없는 것 아니지'(「씨앗주머니 속 비밀」)라며 전율을 안겨주는 자연친화적인 물상과 우주와의 교감이 타자 간의 소통을 위한 섬세한 시적 합리화로 비밀스럽게도 존재의 꽃을 개

화시킬 시의 종자(種子)인 생명의 '씨앗'으로 상징되고 있다.

이와 같이 최승학 시인에게 시적대상이나 질료들은 비록 가시적이고 실제로 체득한 삶의 대상이지만, '고개 못 드는 옥비녀에/ 속살 같은 달빛 감는/ 찰진 한 그루 나무 그늘/ 막불경이 풀벌레 그림자/ 그림자 뒤에 그림자/ 활활 불타 확확 노래 뜨거워'(「달빛을 쓸다가」)라는 시적수사나, '새 소리 자근자근 들리면/ 찍은 듯 새긴 듯 고운 살결에/ 은장도처럼 감춘 그리움 가늘다'(「각시붓꽃」)와 같은 특이한 메타는 끝내 '가시적인 것은 소멸된다.'는 사실주의의 시인 라아킨적 발상과 연계성을 지닌다. 또 그만의 독자적인 '길'에 대한 현상학적 해석이라면, 평자의 내면인식에 잠식되는 인식과 짐작할 수 있을 만큼의 상상력의 공간에서 산문시의 형식을 빌려 이미지를 형상화시킨 「명태아줌마」와 잇닿아 있다. '깊은 바다는 더 이상 고래가 숨 쉬지 않아요 창자를 빼어 던지며 아가미마저 갈가리 찢고 차가운 맨몸으로 죽은 스승이 사는 전당을 위해 진국을 바쳤는데 골다공증이 창궐했다지 뭐예요 꿈 보따리 메고 도회로 간 뼈 약한 아이들 피는 따뜻한지 부르르 떠는지 마른 가랑잎 소리 들려요. 말라붙은 겨울 숲을 버티다 무너져 내리는 무릎관절에 파스 조각 붙임은 슬레이트 지붕에 비닐 덮기나 마찬가지예요 그러니 삼각파도에 둘러싸인 외로운 배처럼 나아갈 길이 아득한 거예요 사는 것이 모두 코 꿰여 매달린 채 언 바람에 시달리는 거나 다름없는 일이지요'는 삶의 공간에서 때로는 기웃거리며 공감하다가 시적 분위기에 풀어져 흥취(興趣)할 따름인

까닭이다.

특히 감정이 절제되고 시의 응축미가 감미롭게 결집되어 공감각적으로 처리된 '동산// 달맞이 터// 빛// 타래 풍만한 가슴// 솟는 듯 넘치는// 오래// 오랜//설렘'(「달」)이나 '어둠을 찢어 붙인 밤이 뒤척이다/ 햇빛 실은 징 소리에 밀려가고/ 눈부신 새들 지저귐 귓불을 간질인다'(「맑은 빛을 기다림」)에서 그만의 격조(格調) 높고 미감이 뛰어난 시 해석에 틈새나 이견(異見)이 있다면 그의 시에 대한 몰이해나 선험적 지혜 등의 통합적인 폭과 깊이, 그리고 다양성에서 기인(起因)된 차별화일 것이다.

햇살 적당하고/ 바람 알맞은 날/ 배롱나무 꽃송이에 벼익는 소리 피어나고/ 햇솜 같은 구름송이 빨아들인 사과 주렁주렁한/ 옛집 장독대/ 누웠거나 더러는 금 간 채 엎드렸는데/ 살갗 헐어 불그레한 항아리 속/ 하늘에 코스모스 꽃잎 흔들림/ 파르르 참새 날아오르는 소리/ 노란 감잎 맴돌아 내리는 그림자에 겹친/ 어머니의 동영상 한 폭 비친다/ 가늘게 흩는 몇 가닥 흰 머리카락/ 이마에 세 줄 큰 주름/ 눈 아래 여러 겹 잔주름/ 내리닫이 윗입술 빙그레 웃으신다// 자작자작 조약돌들 항아리 어르는 속삭임에/ 속앓이 풀리라 끓여 주시던 토장국 떠올리는데/ 촉촉이 젖은 눈시울에서/ 내 잘못 가르친 탓에 네 그릇 조그맣다는 음성/ 귀에 명치에 옆구리 결리게 저려온다// 기다릴 줄 모르는 세월 나무라며/ 바람에 흔들리는 나무처럼/ 꿋꿋해지는

회한에서 몸 돌리려하자/ 항아리 속 하늘에/ 어머니의 구부러진 검지가 안녕을 흔들며 잠긴다

—「항아리 속 하늘」 전문

표제시 격인 「항아리 속 하늘」에 앞서 '연분홍 물감 찍은 듯 만 듯/ 바람붓 끝 지난 자리마다/ 별 같은 향기 머무는데/ 가던 길 돌려 정자에 올라/ 잔잔히 눈길 보내는 나그네' (「연못」)와 같은 시편을 경시할 의도는 아니나, 최승학 시인의 시 해석에서 경계허물기라면, 시를 이해하는 수준에서의 인간됨 곧 시인의 품격에 대한 관심사이다. 그것은 어느 경계를 이탈하면 시적 무의미나 무가치에 대한 논쟁으로 이행되어 부정적 여건으로 작용할 수도 있다. 단 인용한 시편에서 '항아리의 상징성'은 변함없는 항구성과의 잇닿음이며 외로움 속에서 가능한 삶의 진행이다. 비로소 비워야 울리고 채울 수 있으며, 들어내야 담길 수 있는 삶의 모순이자 그 가능성의 의미이기에 다음과 같은 시적 상상력을 유추할 수 있다. '항아리→빛→어머니→하늘'이라는 순차적 진행에서 빛의 상징성은 가시성에 의한 지적공간화, 시각적 실체로서 열과 혼용된 불의 은유적 내포, 불의 특성을 환기시키는 광도, 위용, 집중, 연소의 이미지의 원형에 해당한다.

특히 '잠긴다'라는 시어의 의미에서 항아리 속에 내려앉은 하늘은 물을 반사체로 관통하는 빛에 의해 그 본질과 형상이 선명하게 입증된다. 궤린의 원형상징에서 물은 창조의 신비, 탄생, 죽음, 부활, 정화와 속죄, 풍요와 성정으로 해석

되기에, 물은 창조의 원천, 풍요, 생명력 또는 생산력의 상징이며, 종교적으로는 청정의 동력을 뜻한다. 따라서 물의 작은 집합의 도구로서 항아리는 생명의 공간이며, 여성의 자궁(양수)과도 연계성을 지닌다. '항아리 속 하늘에/ 어머니의 구부러진 검지가 안녕을 흔들며 잠긴다'는 시적 기법에서 최승학 시인의 시맥(詩脈)은 비장감을 충동적으로 안겨주고 있다. 여기서 유념할 사항은 국보 285호인 대곡천변의 '반구대암각화' 물결무늬벽화에서 확인되듯 물의 작은 카테고리인 연못(항아리)은 물의 저장소이다. 농경사회에서 비는 청동기시대의 각종 기도문과 주문에서 '지하수의 일곱 아들이 물을 거룩하게 한다. 물을 깨끗하게 한다. 물을 빛나게 한다.'와 같이 시의 해석을 위해 다소의 선험적 요소는 불가피하다. 이와 같이 '어머니의 동영상'의 캡처에서 연계성을 불러 주는 동병상련의 선한 성정과 품격이 자양분으로 스미어 있다. 시어는 언어 자체에 내재된 모든 표현의 자질들과 발화상황, 어조, 언어의 조직방식이 동등한 자격으로 작용하기에 긴장된 갈등관계를 형성하기도 한다. 때로는 조화되기도 하면서 '의미하는 것'이 아니라 '존재하도록' 만들기에 '잘 빚어진 항아리'와도 같다. 때문에 그에게 있어 내면인식의 이분법적인 갈등과 모순, 그리고 자잘한 기억의 상흔(Trauma)은 쉽게 지워 버릴 수 없다.

3. 시의 구조와 빛나는 서정의 지평

문학은 자기실천(Do It Yourself)의 원리를 기본으로 그 틀을 엮어 짜도록 설정해야 한다. 도전과 실험을 반복하며 소음과 매연 속에 묻히는 도시의 삶에서 애증을 삭임질 하며 절제된 정감으로 하여 '시기, 질투, 오기로 뭉쳐진 성악설적인 그림자'마저 관심의 조건으로 변형시켜야 할 예언자적인 시인은, 시의 혼을 발아(發芽)시키기 위해서라면 함께 볼을 비벼야 할 소외계층과도 세계고(世界苦)를 공감해야 한다. 최승학 시인의 시편에서 시의 하늘이 청정하고 아아(峨峨)한 청산이 아득한 연유는, 지상적이며 식물성인 꽃과 나무가 다채롭게 자리매김되어 시적 치유(healing)의 효율성을 높여주기 때문이다. '은은한 전율은/ 거미줄 팽팽히 당기는 계절이/ 지난 뒤/ 달이 떠도/ 감추어둔 날개 비비적거리며/ 풀벌레처럼 울지 않았으리라' (「금선정 물 소리」)에서나 '오직/ 외로움의/ 외로움으로/ 외로움이 이글거리며/ 새겨지는' (「달빛」) 또는 '꽃빛 바람 흠씬 머금고/ 윤기 흐르는 들꽃들 촌스러움들/ 깨어나는 벌레 속눈썹 긴 나비들' (「들꽃 노을에 물들다」)을 통하여 그 자신이 맑은 영혼의 소유자로 천부적인 언어의 연금술사임은 쉽게 입증될 것이다.

한편 '나타남〔生〕 사라짐〔滅〕 모두 빛의 말〔言〕이다'라는 「난초석」이나, '맑고 연한 눈웃음/ 산수유 생강나무 꽃 그림자 품고/ 산안개같이 흐르면서 피는 꽃'의 「노랑물봉선」도 그러하지만, 「자주꽃방망이」, 「종이꽃」, 「양지꽃」, 「접시꽃 마을」, 「꽃창포」, 「동강할미꽃」, 「애기달맞이꽃」 등 다양한 시편을 심층적으로 파고들면 최승학을 '꽃의 시인'으로 일컬어도 결코 지나치지 아니할 것이다. 또다른 시편인 「장미꽃 아지랑이」, 「낙엽 비」, 「자작나무 언덕」, 「모란꽃 그늘」 등에서도 예외일 수는 없지만 푸른 식물성 시어를 생명적 부호로 통신하며, 내면의 미를 추구하는 심성이 지극히 선한 그는 명백한 평화주의자임은 물론 따뜻한 감성의 실체임은 어느 누구도 거부할 수 없을 것이다.

오랜 날의 탐색으로 카타르시스를 위해 고뇌하며 진지하게 노력한 그만의 개아적인 느낌, 색깔, 체취가 선명한 시적 형상화는 '공간과 시각, 그리고 시적 기교'를 해체하고 재창조하는 작업이기에 매우 그 의미가 교시적이다. 모름지기 비열한 이기주의로 순수성이 매도되어 미적 주권을 확립하기 힘겨운 혼돈(카오스)의 시점에서 현대인의 불안감을 말끔히 걷어내고 즉물적인 현상을 따뜻한 시선으로 응시하는 최승학 시인이 삶의 매순간을 '생명의 존엄성'을 갈등 구조 속에서 상생으로 통섭하는 시적 비법은 놀라움이 앞선다. 촘스키가 "언어는 인간의 사고를 지배한다."고 제시하였듯이 자기 흔적을 남기는 존재로서의 인간은 마음가짐에 의해 운명을 바꿀 수가 있다. 현대 지식정보화사회에서 정신적 빈곤으로 삶의 여유로움이나 감동을 회복하지 못하는 이들 중에서 진정 행복한 사람은, 타인의 잘못도 너그럽게 이해하며 사랑의 언어를 지속적으로 조탁(彫琢)하는 존재일 것이다. 이 점에 있어 여성 상징인 꽃을 즐겨 시적대상으로 삼고 있는 최승학 시인의 경우, 꽃은 재생이라는 순환적 이미지로서 바슐라르적인 상상력에 의한 식물의 불이며, 생명의 빛이다. 그 같은 연고로 그의 시편에 수용된 꽃의 기능은 강

인한 생명력의 통로이며 인자(因子)로서 작용한다. 따라서 그가 자신의 시편에 수용하여 비판적, 즉물적, 전체적, 정의와 지성의 종합, 유물적, 구성적, 객관적 특성을 지니는 작업은 눈물겹도록 열정적이다.

결론적으로 후기산업사회의 다양성을 변명이나 거부감 없이 수용해야 할 현대시는 일상에서 부대끼는 사물을 여과하여 엄밀히 구성의 과정을 걸쳐야 하기에, 그간의 낡고 고루한 시각은 접어두고 새로운 변전을 시도할 일이다. 모쪼록 최승학 시인은 미적 주권이 확립된 순수시의 지평을 열어가기 위해 재래시의 흔적을 청산하고, 그만의 특이한 개성과 집념으로 알맞은 시적 토양을 조성하여야 한다. 아울러 실험정신을 지속하여 발상을 전환하되 신념에 의한 행동과 사유의 진폭을 확장해서 감동을 회복시키는 정신작업에 실천궁행을 글의 말미에서 거듭 강권적으로 당부한다.

최승학 시집_ 항아리 속 하늘

초판 인쇄 | 2014년 3월 25일
초판 발행 | 2014년 3월 30일

지 은 이 | 최승학
발 행 인 | 정종명
편집국장 | 차윤옥

펴낸곳 | 사단법인 한국문인협회 月刊文學 출판부
주소 | 서울시 양천구 목동서로 225 대한민국예술인센터 1017호
전화 | 02-744-8046~7
팩스 | 02-743-5174
이메일 | klwa95@hanmail.net
등록 | 2011년 3월 11일 제2011-000081호
ISBN 978-89-6138-243-4 03810

값 8,000원

잘못 만들어진 책은 바꾸어 드립니다.